Akil Elegbede

"Kafémi" & "Partir ou périr?"

Akil Elegbede

"Kafémi" & "Partir ou périr?"

Nouvelles

Éditions Muse

Imprint

Cover image: www.ingimage.com

Publisher:
Éditions Muse
is a trademark of
International Book Market Service Ltd., member of OmniScriptum Publishing Group
17 Meldrum Street, Beau Bassin 71504, Mauritius

Printed at: see last page
ISBN: 978-620-2-29519-2

Nouvelles

Kafémi

Akil ELEGBEDE

C'est le crépuscule. Les éclats du soleil se recroquevillèrent sous l'effet progressif de l'univers sombre qui se pointa à l'horizon. La dernière vague d'élèves et d'écoliers reprit le chemin des pénates comme pour honorer l'immuable migration au sens retour après une longue journée de labeur. Cette sensation ne laissa pas indifférents les animaux et en l'occurrence les oiseaux qui, revenant par groupuscules successifs, animaient leur royaume du haut des arbres d'un tohu-bohu mélodieux qui s'estompait inexorablement au gré du recul des rayons du maître de la journée, le soleil.

Peu de temps après, le brouhaha du groupe électrogène de Kafémi se fit suivre par la projection de la lumière qui éclaira les environs immédiats de son atelier de couture. Aidé de ses deux apprentis, il s'affairait à coudre et à recoudre le boubou du *Kabiessi*[1] lequel, au regard des performances attestées de Kafémi lui a toujours confié ses tenues, de préférence celles spécifiques pour les cérémonies d'honneur aux ancêtres.

C'était en effet de notoriété villageoise que Kafémi était un grand couturier. La qualité exceptionnelle de ses conceptions couturières avait fini par lui coller l'étiquette du roi du boubou. Aussi s'était-il toujours opposé à l'explosion exponentielle du nombre de ses apprentis craignant que ceux-ci, de part leur pléthore ne réussissent guère à s'adapter à sa rigueur, principal gage de sa renommée. Il décida subséquemment de limiter leur nombre à deux, « pour plus de sérénité », se justifiait-il souvent.

La trentaine, taille moyenne, teint noir-café, visage lisse et sans collines, expression faciale douce et fine, la denture blanche comme l'eau de roche, l'attirance physique de Kafémi mériterait bien qu'on y emploie toute la dynastie lexicale de la beauté. Issu d'une famille de cultivateurs, il avait cependant un inimaginable mal à s'adapter au mode de vie de ses géniteurs caractérisé. Leur bienséance ou leur malaise financier était souvent tributaires de la clémence des saisons. Le repas quotidien était rare, et quand il le fut, c'était insuffisant ou

1 - Majesté en langue yoruba

désuet. Dépassé par cette paupérisation sans exemple, Kafémi décida d'aller vivre auprès de son oncle Mahuclo à Akouègnon, la mégapole économique de son pays, la République d'Owolèyan. En dépit du refus catégorique qu'opposa son père à cette aventure qu'il considérait comme une ambiguïté pour son unique rejeton, Kafémi osa braver la décision de son père et fit le choix de ses convictions, mieux de son obsession : quitter le village ! Profitant de l'absence de son père qui s'était rendu à une réunion des cultivateurs du village, il prit la poudre d'escampette et se rendit à Akouègnon. De retour chez lui, Kadara fit l'amer constat de l'absence de son fils, son espoir, son tout et comprit aussitôt qu'il l'avait quitté. Bien que la destination de Kafémi ne lui était point mystère, il n'en revenait pas. « J'ai toujours ressassé à cet enfant que son envie, son infect narcissisme le conduirait là où il n'oserait jamais imaginer », se plaignait-il en sanglots.

En effet, Kadara avait toujours soupçonné chez son enfant cette propension à ne vouloir vivre qu'au-delà de ses moyens. Il avait toujours craint que cette indignité qu'il estimait génétiquement transmise à son fils par sa défunte femme ne finisse à la longue par avoir raison de lui.

Kadara fut obligé de reprendre son train de désespoir davantage empiré par une solitude qui frisait la divine malédiction. Pour calmer sa mélancolie, il fit rapidement recours à sa pipe, son passe-temps favori des périodes noires, des moments de vif émoi.

Kafémi fit à Akouègnon preuve de grande assiduité et obtint quelques années plus tard son diplôme de fin d'apprentissage grâce au soutien de son oncle maternel Mahuclo auprès duquel il avait trouvé refuge. Celui-ci l'avait d'ailleurs toujours considéré comme son fils biologique depuis la disparition de sa sœur cadette, Agnikèla femme de Kadara. Il n'eut en outre jamais réussi à pardonner à son gendre, son criminel égoïsme qui laissa mourir sa sœur d'une fièvre frivole en prétextant la sauvegarde de sa dignité pour justifier son refus à recourir à l'assistance de ses voisins. Depuis lors, il éprouvait une haine viscérale envers Kadara. Celui-ci s'en moquait volontiers et s'était juré de trancher la tête à quiconque jetterait sur sa personne l'ignare discrédit de l'assassin de ''sa moitié''. Ce fut donc en toute discrétion que Mahuclo parvint à établir les liens avec son neveu au point où celui-ci quitta Iyajoba pour le rejoindre à Akouègnon. Malheureusement quelques mois après qu'il fût abandonné par son fils, Kadara fut emporté par le choléra, le vampire qui venait décimer les villageois à tour de rôle. Ce fut pour honorer les esprits de ses parents défunts et surtout pour compenser la carence du village en couturiers que Kafémi décida du retour au bercail où il s'installa et exerçait son métier.

Il sonnait environ vingt et une heures quand, toujours dans son atelier mais cette fois-ci seul, il reçut la visite du Balogun, le ministre de la défense du *Kabiéssi* qui fut envoyé par celui-ci pour récupérer sa tenue que Kafémi venait heureusement de finir ; il fut donc heureusement dispensé de crime de lèse-majesté. Kafémi se prosterna à même le sol et le salua tel le roi, l'envoyé du roi étant le roi.

- *Kabiessi* ô ! *Kabiessi* ô ! fit-il
- Le roi te salue ; le roi te bénit ; tu prospéreras ; le roi te salue… répondit Balogun, un véritable costaud à la musculature terrifiante. Il était vêtu de la tenue ministérielle, le boba d'« *Ashooké* » avec le cou et les extrémités des deux bras parsemés de perles royales. Chacune de ses répliques était cadencée par l'agitement de l'*Irounkè* du Kabiessi, le sceptre royal, symbole de l'envoyé du roi.

Aussitôt, Kafémi s'empressa d'offrir un siège à l'homme-pachyderme qui se tenait devant lui. Celui-ci rechigna d'un mouvement de tête en insistant sur le fait que le souverain ne l'avait point envoyé pour s'asseoir, mais pour retirer son *agbada* pour la sortie annuelle que ferait la divinité ''Baba Agba'' le lendemain.

Baba Agba est l'ancêtre protecteur des habitants d'Iyadjoba qu'ils se doivent de vénérer chaque année en début de la saison pluvieuse pour implorer de belles récoltes et des bénédictions sur le village. Son esprit est incarné par l'Egungun avec sa tête de Guèlèdè. Sa sortie était souvent ponctuée par une liesse populaire. D'ordinaire, le roi prenait la tête de la procession suivi par Baba Agba de la forêt sacrée, la résidence de la divinité tutélaire, jusqu'au palais du roi qui s'y retirait après son déluge de prières. A sa suite, Baba Agba revenait à la disposition de sa progéniture qui criait, chantait, déambulait, sautait et dansait pour commémorer les retrouvailles avec le protecteur. A la fin du rallye pédestre des principaux sentiers du village, le dieu s'évaporait dans la nature tel un fantôme et le rendez-vous était pris pour une autre année. Après sa partance, les nourritures pleuvaient et se faisaient suivre par un essaim de calebasses remplies de la cola et des boissons assorties à cette manifestation ; le *sodabi* était tout simplement irremplaçable. La nourriture était composée essentiellement de l'igname et de l'huile de palme, immuable consistance de l'offrande à Baba Agba. La sortie de cette divinité était souvent une occasion unique qui réunissait tous les fils et filles d'Iyadjoba, les pauvres, les plus pauvres, les riches, les plus riches, les petits, les grands, les vieux, les vieillards, etc. bref, toutes les couches sociales.

- Je viens d'ailleurs de finir de la coudre, la tenue de sa majesté, répondit Kafémi à Balogun qui eut à adresser un beau sourire pour saluer l'exemplarité de la promptitude dont le couturier du roi faisait toujours montre chaque instant qu'il fut sollicité.
- Tiens ! fit Balogun en tendant un billet neuf de dix mille francs à Kafémi ; Kabiessi me charge de te le remettre, poursuivit-il.
- Merci majesté, répondit Kafémi en retirant le billet tout en s'inclinant devant l'agitement du sceptre royal par Balogun.

Quand Balogun disparut en s'engouffrant dans la dense opacité de la nuit, Kafémi se mit à rigoler étrangement. De son visage où luisaient les éclats de joie en présence du Balogun, prirent place les rides du mépris. Il se demandait à quoi servirait ''ce pauvre billet de dix mille francs''. « Je suis las et dégouté de travailler autant dans ce maudit enfer d'Iyadjoba et vivre ma vie à la zigzag », se lamentait-il. « Il me faut trouver au plus vite une solution de rechange. A Akouègnon, on ne suffoque par pour autant avant de jouir d'une existence glamoureuse. Je me rappelle de ces limousines, de ces belles Citroën, de ces femmes ''Mercedes'' sous la coupole des jeunes de mon âge. Comment peut-on expliquer ma situation » ? se demandait-t-il. « Il faut que je rejoigne Akouègnon pour devenir aussi ''*Baba Ikalè*'' comme tous ces hommes et femmes qui s'y trouvent. Iyadjoba est sans conteste hanté par son nom ; oui, la pauvreté règne ici en impératrice ! Si mes parents ont par leur indiscipline mentale qui frise le coupable immobilisme péri dans cette géhenne, le bon Dieu ne daignera jamais m'excuser si je ne m'enrichisse. Il faut que je quitte Iyadjoba ; je dois impérativement abandonner cette cochonnerie dans laquelle je me cagoule. Oui, j'ai le devoir de m'enrichir ! Ce n'est plus un droit, mais un devoir. J'ai toujours compris qu'on ne subit pas son destin, mais plutôt qu'on l'accomplit », conclut-il.

Après avoir soliloqué pour une vingtaine de minutes, il rejoignit sa case, la tête alourdie par ses multiples réflexions, sinon par un chapelet de suspens.

Comme tout villageois, Kafémi se rendit à la fête. Les bruits de tam-tam résonnaient et crépitaient au gré du *Bolojo*, le rythme de danse le plus populaire d'Iyadjoba. Les villageois fredonnaient les mélodies dithyrambiques à l'endroit du *Baba Agba*. La caravane fut dense, élastique et riche en couleurs. Comme prescrit par la coutume et sous peine d'être frappé de malédiction divine pour non observance de la volonté ancestrale, le roi, *Kabiessi* Adéchinan Oliyadjoba Iloutoura II était à la tête de la procession entouré de ses gardes, de véritables robustes des rares. Ceux-ci appelés ''*Echo*'', étaient une dizaine et étaient sous la direction de

Balogun, lui aussi habillé dans ses plus beaux vêtements. Aux côtés immédiats se trouvaient ses nombreuses épouses drapées dans des pagnes ''*Ashooké*'' dont le luxe était une manifestation extérieure de l'opulence du souverain. Les reines avaient leurs cous et poignets parsemés de perles royales soigneusement tissées. Le roi était protégé par un géant parasol qui l'épargnait des affres de la chaleur du soleil. C'était le plus fort des gardes qui l'agitait au gré de chacun des pas de marche et de danse qu'effectuait sa majesté. Arrivés au dernier carrefour d'avant le palais royal et conformément au traditionnel rituel, le roi s'arrêta et se mit à prier, tête baissée, implorant la clémence et la bienveillance des ancêtres incarnés par *Baba Agba* sur son peuple. Tout en agitant l'Irounkè, le roi déversa sur ses sujets, une pluie interminable de prières sous l'onction de l'ancêtre tutélaire. La horde d'humains qui y était se prosterna et scandait religieusement ''*asè*'' en réponse aux supplications de leur roi vis-à-vis des ancêtres.

Kafémi y était, indifférent puisque troublé par ses multiples questionnements de la veille. Il se disait même que le malheur de son village résidait dans la trop grande importance accordée au culte de ces ''maudits ancêtres'' qui ne faisaient pourtant rien pour exfiltrer leur descendance de la pire que critique pauvreté dans laquelle elle végétait. « En tout cas, moi je saurai tirer mon épingle du jeu », fit-il. « Je crois qu'il y a bien des destins indélicats contre lesquels il faut une guerre sans merci ; et le moment me semble plus que jamais opportun pour prendre un revolver et infliger la claque du siècle au mien», se calmait-il déterminé.

Kafémi se sentait davantage irrité par le comportement de l'*Akéwi*[2] qui, dans son récital élogieux ne répertoriait que les noms des rares familles aisées du village, les pauvres n'ayant point droit de cité, « puisqu'inutiles à tout le monde, même à Dieu », se disait-il. Tout ceci ne faisait qu'alimenter sa détermination désormais incorruptible à trouver d'issue à son calvéreux sort. Dans son remue-méninges, il entendit une voix douce l'appeler de derrière. Ce fut

2 - Chansonnier du roi en milieu yoruba

naturellement la voix d'une femme qu'il faudra une pluie dans le désert pour que Kafémi se trompe sur sa porteuse. C'était en effet celle d'Arèwa, sa fiancée.

Agée de vingt et deux ans, Arèwa était d'une beauté *paramountesque*. De taille moyenne, sa peau *teint-café* était attirante surtout à cause de son caractère naturel ; la morphologie hors tarif avec une poitrine où siégeaient deux collines moyennes non moins pointues ajoutées aux dents blanches comme la neige donnaient davantage un caractère divin à chacun de ses sourires. Rien donc de surprenant si les débats furent souvent houleux et interminables au sein des jeunes du village pour attribuer la note qu'il fallait à la beauté d'Arèwa. Au regard de certaines de ces discussions qui s'épiloguaient sur des joutes verbales, il aurait dû falloir un baromètre, le ''beautémetre'' peut-être, pour évaluer le degré de sa splendeur physique. Même la mine renfrognée échouait à voiler la beauté de cette reine des champs. « Les architectes des cieux l'ont bien dessinée » ressassait souvent Lamidé. Pour Zinsou, « c'est Dieu lui-même qui s'en est occupé car, argumentait-il, il voulait une reprise de la vierge Marie » !

Sur le plan moral, le constat dépassait le formidable. Arèwa avait de quoi séduire son entourage. Souple, respectueuse, compréhensive, rien ne manquait à sa perfection comportementale. Toutes ces qualités réunies, il était donc compréhensible que tous les jeunes du village se ruassent sur elle pour la demander en mariage. Elle apparaissait comme l'idéal *produit fini* non seulement de Ita Ogué son quartier mais aussi de tout le village. Mais tous ces jeunes qui fourmillèrent derrière elle aboutissaient à une impasse dans leur invite nuptiale. Arèwa ne se sentait pas en effet prête à s'engager dans une si dangereuse aventure comme l'amour. Pour elle c'était le projet le plus incertain, le terrain le moins sûr, donc le plus glissant. Mais nourrie d'une finesse diplomatique, ses répliques réussissaient à calmer ses prétendants, car sa politique de « ni oui » « ni non » apprise de sa mère l'aidait à éviter de problèmes dans ce village où les jeunes prirent le goût d'assouvir leurs désirs charnels par des renforts charlatanesques. D'ailleurs, son plan premier était de finir son apprentissage et s'autonomiser avant de songer à fonder un foyer, cet acide nécessaire dans la vie de l'être.

Mais face à l'amour, les frontières de la raison sont frappées d'une perméabilité rarement égalée. Arèwa fut victime de cette réalité et se découvrit subitement entrain d'aimer et ne sut que faire pour renvoyer cet invité surprise qui fut malheureusement pour elle, indéracinable. Quand elle rencontra Kafémi, la beauté de celui-ci réussit sans peine à la noyer dans un vaste océan d'émotions ; océan où baigne tout sauf la raison. Bref, l'amour naquit entre les deux fées et chaque jour qui passait ne faisait que consolider ce sentiment irrésistible. De plus, en dépit de son degré d'isolationnisme, Kadara, le père de Kafémi sut s'attirer la valeureuse amitié du père d'Arèwa. Ceci facilita sans surprise leur union car les parents d'Arèwa ne s'opposèrent pas à leur relation.

- Bonjour mon prince, fit Arèwa le sourire angélique.

Après l'avoir toisée d'un regard visiblement emporté, Kafémi répondit tout enthousiaste ;

- Salut ma reine, éternelle Miss univers, fit-il ; une réplique qui sembla démonter que ses soucis disparurent aussitôt à la vue de sa fiancée.
- Oh arrête s'il te plait ! Ton vocabulaire ne tarit visiblement jamais de mots pour m'auréoler de qualificatifs, répondit Arèwa heureuse de savoir combien son homme savait l'apprécier. Aussitôt, Kafémi renchérit, galvanisé par la réponse de sa promise.
- Comment veux-tu que ma source lexicale se tarisse si à chaque instant que je te vois, mon inspiration gonfle de volume ? fit-il, le regard élastiquement admirateur.
- Arrêtes un instant, veux-tu ? demanda Arèwa toute souriante
- Oh non, ah non ! Que veux-tu que je fasse en sachant bien que je suis victime d'une dictature ? questionna Kafémi au joyeux drille.

- Quelle dictature ? demanda Arèwa

- Mais celle de mes yeux, puisque c'est ce qu'ils m'imposent que mon langage reflète, répondit Kafémi, la voix sensuelle.

- Encore une de tes adulations ! s'exclama Arèwa.

- Juges-ça comme bon te semble, mais retient au moins pour l'amour du ciel, que ta beauté me fascine au point où ma seule manière de te résister est d'y céder, complimenta Kafémi.

- Assez ! tu vas finir par me dire que Jésus était un noir, fit Arèwa en se jetant au cou de Kafémi qui la serra fort à n'en point la relâcher.

Après de chaudes embrassades que les deux amoureux échangèrent après qu'ils s'eussent extraits de la foule, ils commencèrent un autre dialogue qui n'eut cette fois rien de sensuel.

- Ma couronne, demeures-tu fidèle à ta décision de quitter le village pour rejoindre Akouègnon à nouveau ? demanda Arèwa le regard attristé.

- Pas sans toi mon cœur ; ne fais donc pas cette tête, répondit Kafémi, une réponse qui ne sut en rien émousser l'esprit inquisiteur de sa fiancée qui renchérit.

- Pourquoi es-tu si pressé mon amour, en dépit de tout ce que je t'ai dit ? Oublierais-tu que l'avocat et le manguier ne produisent pas la même saison ?

Le regard serein et quasi irrité, Kafémi répliqua.

- Ma chérie, ouvre un peu les yeux ; regarde autour de toi et tu comprendras, commença-t-il. Moi je ne suis pas de la génération des passivistes moins encore de celle des *dieuferaïstes* ; mon destin, je le prends en mains et je le conduis à mon aise. Regarde un peu la galère de nos frères du village ; imagine, moi, ma mère morte faute de moyens pour soins adéquats ; et mon père, voit les conditions dans lesquelles il trépassa. Trop c'est trop Arèwa, trop c'est trop, discourra-t-il.

- Je te comprends mon ange ; mais rien n'est au dessus de la volonté divine. Dieu sait ce qui t'est bon et le moment propice pour t'en gratifier, fit Arèwa.
- Je te répète que l'ultimatum que j'ai accordé à ton Dieu a expiré et mon salut, c'est la prise en mains de ma destinée, répliqua chaudement Kafémi, qui affichait une obsession incorruptible dans sa volonté d'escapade vers Akouègnon.

Ses réponses réussirent à annihiler les efforts faits par sa promise pour le dissuader dans son projet de voyage. Celle-ci dut l'encourager malgré elle.

- Je te soutiens par amour, mais réfléchis un peu chéri pour ne pas faire un choix regrettable pour nous deux, fit Arèwa inoffensive.
- J'y penserai trésor, répondit Kafémi en serrant à nouveau sa fiancée par la taille et les deux s'embrassèrent inlassablement pour se dire au revoir.

De retour dans sa case, Kafémi peaufinait les ultimes plans de sa stratégie évasive. « Plus rien ne peut m'arrêter », se disait-il avant d'enchainer, « l'obstacle majeur est levé ! Arèwa ma vie, a compris qu'il faille changer le cours plutôt pathétique de notre existence ».

De son côté, Arèwa eut toutes les difficultés du monde à expliquer à ses parents, sa volonté de voyager avec son promis. Tous les arguments qu'elle employa pour persuader les siens se soldaient par un retentissant échec. La raison évoquée par ses parents était qu'elle devrait finir son apprentissage et obtenir son diplôme avant toute aventure conjugale. « D'ailleurs, disait son père, la tradition de nos ancêtres à laquelle ta mère et moi avons toujours tenu, interdit toute vie en conjoints sans que la dot n'ait été payée et certains rituels observés ». Cette rigidité de son père venait se greffer à la stricte intolérance de sa mère qui estimait qu'une fille non dotée et qui ne rejoignait pas son mari suivant la droite ligne, celle de leurs us et coutumes, perdait toute sa dignité. Face à toutes semonces de ses parents, Arèwa faisait montre d'une indifférence indicible. Otage de ses traintrains émotionnels, elle s'était résolue à suivre le choix de son bonheur, son espoir, son tout, c'est-à-dire Kafémi.

Dans la soirée du jour suivant, elle rendit visite à son fiancé auquel elle exposa la cuisante impasse à laquelle avaient abouti tous ses efforts en vue de convaincre ses parents pour se rendre à Akouègnon avec lui. Celui-ci réagit d'un ton hilare qui surprit son interlocutrice.

- Oh ma chérie, pourquoi te morfonds-tu pour une banalité de ce genre ? fit-il
- C'est ce que m'ont dit mes parents que tu taxe de banalité ? questionna-t-elle l'air apparemment déçu.
- Allons ma chérie, je ne m'en prends pas à mes beaux-parents, répondit-il avant d'enchainer ; je voudrais juste souligner que l'archaïsme de la prise de position de tes parents s'explique par le fait qu'ils sont prisonniers de leur époque, conclut-il.
- Comment ? s'enquit Arèwa
- Leurs préoccupations quand ils étaient jeunes ne sont naturellement plus les mêmes que les nôtres de nos jours ; c'est la petite différence ma chérie, répondit Kafémi.
- D'accord, je te comprends trésor, fit Arèwa avant de renchérir les conclusions de son promis.
- Les époques ont changé et les mentalités avec, fit-elle.
- Voilà ma chérie ! s'exclama Kafémi le sourire admirateur.

Cependant, Arèwa fit surgir une préoccupation à laquelle il fallut une masturbation mentale à Kafémi pour y répondre. Elle lui avait en effet demandé quel serait son travail à elle quand ils seraient à Akouègnon. Malgré qu'il s'eût senti piégé par cette question, Kafémi répondit néanmoins de manière non moins convaincante.

- Mon amour, tu sais que tu es une grande dame et tu n'a nullement de complexe devant les reines de Iyadjoba, moins encore devant la première dame de ce pays, fit-il. Avant qu'il ne continua, Arèwa emportée par ce bout de phrase sauta au cou de son homme et l'embrassa puis le serra fort conte elle en lui murmurant à l'oreille « merci mon amour, je t'aime, je t'aime » ! Après qu'il eut savouré ce court instant de haute sensualité, Kafémi put finir sa phrase.
- Je disais que je travaillerai dur à Akouègnon pour t'ouvrir un grand supermarché de vente de tissus et accessoires masculins et féminins, répondit-il avant de continuer, Ma chérie ne mérite pas de dépendre de la volonté saisonnière de ces pauvres villageois avant de se nourrir; non, la couture n'est pas ton travail ! conclut-il.

Quoique joyeuse, Arèwa réagit avec une bonne dose de bon sens.

- Je suis incontestablement ravie, mais où trouveras-tu tout cet argent ? questionna-t-elle
- Akouègnon est une cité de tous les possibles ; je ferai le faisable pour te rendre la femme de mon rêve, c'est-à-dire, la femme que tu mérites d'être ; répondit-il
- Même le sacrifice suprême ? s'enquit Arèwa, la mine insiquitrice.
- Ma main tremble avant d'égorger un coq ; mais si c'est à cause de mon amour, si c'est pour le bonheur et l'honneur de ma future femme, je ne réfléchirai point par deux fois avant d'éliminer un homme ; mais s'il te plait, seulement au nom de l'amour que j'ai pour elle, répliqua Kafémi l'air serein.
- Merci mon champion. Je sais que tu veux mon bien et je suis consciente que tu peux tout pour moi, fit Arèwa en se jetant à nouveau au cou de son fiancé et les deux se remirent à faire ce que tous les couples heureux se plaisent à répéter, s'embrasser.

La folie de leurs embrassades les conduisit à un autre type de dialogue, celui intime. Ce fut un moment magique, puisqu'aux va et vient luxurieux de Kafémi répondaient les lamentations lubriques de Arèwa. Les deux partenaires finirent par atteindre l'extase après une bonne vingtaine de minutes de navigation sensuelle.

Aussitôt après, les deux établirent dans les moindres minuties, leur plan de voyage qu'ils feraient à huis-clos pour échapper à la vigilance des géniteurs d'Arèwa. Ils parvinrent à s'accorder sur le weekend suivant pour leur départ du village.

Très tôt le samedi matin, Arèwa frappa à la porte de Kafémi qui l'attendait par ailleurs déjà depuis plus d'une demi-heure pour prendre catimini, la route de Akouègnon. Ils se saluèrent suivant les us usuels, un long baiser de quoi remplir leur cœur de l'énergie nécessaire pour entreprendre le long trajet qui les attendait. Vêtue de son uniforme d'apprentissage qui laissait apparaître sa superbe forme ''coca-cola'', une tenue qui l'eut surement permis d'échapper à la vigilance de ses parents, Arèwa tenait dans sa main gauche un grand sachet noir, sinon deux, l'un enfoncé dans l'autre dans lesquels furent entassés les nécessaires dont elle aurait besoin à Akouègnon avant qu'elle ne fusse faite ''grande Damme'' par son fiancé. Pour réussir son coup, elle avait pris le soin de cacher ses bagages le long du sentier menant chez son homme depuis le jour où leur plan d'évasion fut établi. La touffe des herbes lui facilita la tâche. « Une femme avertie en vaut trois », se disait-elle.

Après s'être longuement embrassés, Kafémi recommanda à sa promise de se défaire de sa tenue ''esclavagiste'' avant qu'ils ne prirent la voie menant à leur opulence et leur épanouissement certains. Quand celle-ci s'exécutait, Kafémi n'eut pas le tempérament, la force nécessaire pour dompter sa pulsion salace. Fasciné par le charme du corps scintillant de sa future femme, il se jeta sur elle avec un plaisir aveuglant qu'il ne put éteindre qu'après la naturelle phase d'insémination. Quand il s'eût vidé en elle, il se retira après l'avoir chaudement enlacée. Changement de circonstances équivalant au changement de comportement, Arèwa dut prendre une douche, la dernière, la toute dernière avant de quitter le village. Avant qu'elle n'eut fini, Kafémi avait déjà préparé les deux sacs qui leur serviraient à transporter leurs affaires. Ils sortirent et s'empressèrent de vite se retrouver hors du village. Après environ trente minutes de marche, ils arpentèrent déjà le dernier sentier qui les conduisit hors d'Iyadjoba. Ils se retrouvèrent un quart d'heure plus tard dans le village voisin d'Iyadjoba. C'était un petit village avec quelques groupements de cases, une population proportionnelle et une autosuffisance conséquente. C'était le village Olatèdo d'où était originaire le souverain d'Iyadjoba, sa Majesté Iloutoura II. Bien que ce dernier ne fût pas celui à qui revenait le trône, il sut influencer les faiseurs de roi par son impressionnante fortune. L'héritier logique était Ori Adé qui fut dépossédé non sans drame, de son légitime droit de succéder à son père, *Kabiéssi* Gbadébo qui rejoignit ses ancêtres il y avait trois lunes. Il ne put accéder au trône, puisqu'il mourut d'une mort du moins suspecte.

Lorsque commencèrent les consultations divinatoires relatives à la désignation du successeur du monarque défunt, l'opinion fut unanime sur le constat selon lequel ''l'on a voulu tordre le cou à la réalité''. Cette procédure n'était en effet observée qu'en cas de vacance de pouvoir, c'est-à-dire quand le roi mourait sans héritiers. Même les moins intelligents virent derrière cette machination, une main malsaine que les villageois n'éprouvèrent la moindre difficulté à en repérer l'auteur : Adéchinan ! Ce puissant commerçant immigrant, anobli et fait ministre sous Gbadébo. Il n'avait en effet jamais caché sa volonté de diriger le village après la mort de son hôte bienfaiteur. Croyant pouvoir y parvenir, il avait réussi à distancer du trône l'héritier présomptif suite à une divination non moins téléguidée qui le rendit bouc-émissaire de la maladie qui eut raison de son père. Ce dernier, conscient qu'on tentât de lui ôter son privilège constitutionnel se rendit à Iyadjoba quelques temps après le décès du roi et se fit introniser par certains fétichistes de la tradition. Mais il ne passa guère deux jours au pouvoir avant qu'il ne fût enlevé, séquestré, torturé, tué et décapité par des inconnus. Ce fut dans cette confusion que les faiseurs de roi portèrent leur choix sur Adéchinan qui fut intronisé deux semaines plus tard après les rituels inhérents à son nouveau statut. L'oracle révéla que les ancêtres lui donnèrent le nom fort d'Iloutoura II et imposa que les villageois lui vouassent allégeance sous peine de malédiction divine.

Après avoir narré cette histoire récente d'Iyadjoba à Arèwa qui n'en était pas non plus ignare, Kafémi lui demanda si elle connaissait le nom de l'oracle auteur de toutes ces prédictions.

- Non, fit-elle, le regard inquisiteur et la démarche visiblement alourdie par les multiples minutes de marche.
- Eh bien, ma très chère Arèwa, cet oracle s'appelle l'oracle argent ! répondit Kafémi tout souriant.
- Ha ! Ha ! Ha ! que tu peux être comique par moments ! ricana Arèwa
- Et pourtant, je ne crois pas avoir été aussi sérieux que je le suis maintenant depuis quand nous nous rencontrâmes, répliqua Kafémi avant d'enchainer,
- Tu vois ma puce, l'eau ne retourne qu'à la rivière ; les riches engendrent les riches et la pauvreté demeure une infirmité pour ses hôtes. Rien, absolument rien dans ce monde de dingues ne résiste à l'argent, discourra-t-il.
- Tu as raison mon prince, reconnut Arèwa qui continua,
- L'argent c'est la vie et la vie c'est l'argent.
- Merci pour avoir compris ma reine, on peut même corrompre les ancêtres, ces inutiles divinités, ces pestilentes immondices de l'au-delà avec de l'argent,· s'émut Kafémi
- L'histoire de notre village te donne raison, fit Arèwa.
- C'est justement la raison pour laquelle mon combat pour la richesse est non-négociable ; je dois être riche, renchérit-il.

- Tu le seras Kafémi, sois seulement patient et attends ton temps, nul ne pouvant prédire le futur, temporisa Arèwa.

Ces mots d'Arèwa semblèrent avoir réveillé en Kafémi sa traditionnelle vigoureuse détestation en la foi dans un probable futur. C'est donc sans surprise qu'il répondit, la mine rebelle.

- Ah bas la patience ! interjeta-t-il avant de poursuivre,
- A trente et un ans, tu veux que je continue à faire confiance à un futur qui, au lieu d'être au moins sombre s'enlise au contraire dans une opacité impénétrable? Ah non ! je ne suis plus adepte du futurisme combien de temps je ne sais. Je m'inscris en faux contre ''demain sera bon'', cette argutie galvaudée par les faibles et les attentistes pour justifier leur lâcheté à en découdre avec les turpitudes existentielles, discourra-t-il hagard.

Après qu'il eut fini sa traditionnelle philippique contre la misère, Arèwa domptée, lui indiqua du doigt un véhicule qui arpentait le goudron. C'est alors qu'ils purent se rendre compte tout le bienfait que leur avait procuré le papotage le long de leur trajet. Il fut pour eux un véritable ''TGV'' qui écourta leur parcours. Après quelques minutes de marche, ils arrivèrent à Oladjoudé, le village le plus développé, la vitrine de la région. C'est en effet là que se concentraient les services décentralisés de l'administration publique, les hôpitaux, la gendarmerie, etc. Ce n'était donc pour rien qu'il était souvent considéré par les riverains comme l'escale privilégié et aussi le point de départ pour la capitale Akouègnon. Quelques temps après, ils purent atteindre le taxidrome d'où ils prirent le départ pour Akouègnon, une destination pleine d'imprévisions et de multiples ambiguïtés.

Il sonnait environ 10 heures du matin quand les deux apprentis couturiers de Kafémi, Oladélé et Folorounsho se mirent à se poser des questions à n'en point finir sur l'inhabituel retard qu'ils crurent accusé par leur maître pour se pointer au service ce samedi-là. Il s'agissait pour eux d'un retard à inscrire dans l'événementiel, Kafémi étant loin d'être un paresseux qui s'amusait avec son gagne-pain. Quand il ne pouvait être présent, il prenait l'habitude d'informer ses subalternes la veille et quand ce ne fut pas le cas, il venait très tôt le matin le leur dire. Lorsqu'il se rend dans son atelier à 9 heures, c'est qu'il est de mauvaise humeur. Dans le cas opposé, il n'excédait jamais 8 heures pour se rendre dans son ''industrie''. Pour décrypter ce mystère, Oladélé, l'adjoint au patron enjoignit Folorounsho de se rendre à la case de Kafémi pour vérifier s'il y était. Le résultat fut un couplage d'inquiétude et de déception. Il revint quelques instants plus tard avec des renseignements qui laissèrent Oladélé perplexe. Le désordre qui figea son attention à l'intérieur de la case de son patron, conjugué à l'absence de son ''gros sac'' de voyage avaient fini par les convaincre que leur chef s'était résolu à suivre ce qu'il avait pris l'habitude de leur chanter à l'atelier : il avait quitté le village. Ils s'entendirent tout de même pour continuer à gérer le legs de Kafémi grâce aux rudiments de la couture qu'ils surent acquérir de lui.

Du côté des géniteurs d'Arèwa, la panique fut tout de suite maîtrisée lorsque vers 22 heures, leur fille n'était pas de retour de travail. En effet, son père se rendit directement chez Kafémi au moment où sa femme avait pris la direction de son atelier. La convergence des informations qu'ils purent recueillir n'eurent point du mal à les convaincre que leur fille avait suivi Kafémi dans sa cabale vers Akouègnon. Quand sa mère voulut fondre en larmes, son père réussit à la convaincre que leur fille avait fait un choix peut-être risqué, mais qui répondait à la norme de l'époque : la désobéissance des jeunes pervertis par les pratiques occidentales importées.

- C'est la génération des feuilletons, fit-il en calmant sa femme. Il continua.

- On veut suivre ce que fait le *oyinbo*[3] en oubliant que nous n'avons pas les mêmes substrats sociologiques. On me dira qu'elle a suivi le choix de son cœur. Oui, on me chantera qu'elle a choisi défendre ses sentiments et que sais-je encore ? se plaignait-il devant sa femme qui ne put empêcher quelques gouttelettes de larmes d'échapper au contrôle de ses paupières qu'elle palpait sous le diktat de l'inquiétude. Il la serra par la taille et lui murmura à l'oreille droite.
- Prions que Dieu la protège et que ce choix ne se révèle être la pire bêtise de son existence, fit-il. Ces propos surent momentanément apaiser l'inquiétude qui se réfugiait chez sa femme.

Le jour suivant, Kafémi et Arèwa s'installèrent déjà à Akouègnon. Ils passèrent une nuit élastique à cause de la fatigue subséquente à la longueur du trajet qu'ils eurent à effectuer la veille. Ils furent accueillis par Tétédé, l'une des amitiés que Kafémi s'était créée lors de son séjour précédent à la capitale. Tétédé était un mécanicien qui avait réussi à gagner sa vie et jouissait d'une existence paisible grâce à sa reconversion dans les affaires. Il se maria à treize reprises et avait de très nombreux enfants. Il avait une dizaine de villas et n'eut donc aucune difficulté à offrir l'hospitalité à son ami de longue date. Il s'était d'ailleurs farouchement opposé au retour de celui-ci à Iyadjoba. Le couple Kafémi-Arèwa fut logé dans un appartement hyperluxueux devant lequel même le palais royal d'Iyadjoba ne saurait tenir la comparaison. Tétédé ''bombarda'' le magasin des tonnes de vivres qui pourraient assurer la sustentation de ses étrangers pour plus d'un an. De plus, il fit don de cinq cent milles francs CFA à Kafémi pour favoriser leur maintenance. Toutes les conditions étaient réunies pour faire oublier la galère ambiante d'Iyadjoba à Kafémi et sa promise. « *Ma djayé si mi l'orun* »[4], recommandait Tétédé à Kafémi. Celui-ci le remercia humblement pour le gracieux accueil dont il bénéficia et se félicitait par ailleurs d'avoir préféré Tétédé à son oncle qui s'opposait à

3 - Le Blanc ou l'Européen en milieu yoruba

4 - ''Fais ta vie dans mon compte'' en langue yoruba.

leur amitié au motif que ce n'était mystère pour personne que *''Baba Agbalagba''*, c'est-à-dire Tétédé s'était enrichi de manière occulte. Kafémi s'en énervait et demandait itérativement des preuves à son oncle. Ce fut d'ailleurs cette amitié qui créa de troubles entre Kafémi et son oncle au point qu'ils eussent à en venir aux mains. Cette situation précipita le retour de Kafémi au village. Il estimait que son oncle avait subtilement métamorphosé sa bonté en mesquinerie, « une mesquinerie qu'il voulut employer pour me séparer de mon richissime ami », confiait-il à Arèwa. Bref, la vie devint subitement rose pour lui et sa fiancée.

Les jours passaient et les semaines s'égrenaient. La phobie s'incrusta définitivement au sein de la famille d'Arèwa. C'était devenu impossible à ses parents de se défaire du conglomérat de sentiments troublants qui avait fini par infester leurs mentalités. Sa mère était inconsolable. Elle arrivait à peine à ingurgiter quelques pelées de bouillie. Les calmants verbaux apportés par son mari et ses autres enfants avaient tous réussi à échouer à l'amener à oublier sa fille, cette fille qu'elle aimait tant, elle qui était sa photocopie légalisée, elle qui symbolisait sa défunte mère. Elle était perdue dans ses lamentables supputations quand subitement, son téléphone cellulaire crépita. Elle sursauta ; un acte qui était devenu pour elle un réflexe depuis le départ de sa fille. Sa respiration décupla de vitesse quand elle décrocha l'appel. C'était Arèwa ! Elle se jeta de son lit telle propulsée par un ressort magnétique et se rua vers son époux qui avait réussi à garder une placidité inexplicable quand survint le problème. Quand elle parlait avec sa fille, une pluie de larmes se conjugua aux gouttes de sueur pendante qui longeaient son front et bercèrent son visage endolori par des semaines d'insomnie et d'affliction psychologique.

- Arèwa, Arèwa, Arèwa, tu m'as tuée ! Oui, je suis déjà cadavre ; passe seulement chercher ma déconfiture...Tu m'as tuée ! hurlait-elle follement au téléphone.
- Non mère fit Arèwa, avant d'enchainer.

- Non, non. Maman c'est pour le bien de toi et moi. J'aime Kafémi et tu sais bien que l'existence n'a de sens que le sens dont l'encensent les sens. J'ai suivi la conviction de mon âme et figure-toi, je suis heureuse ici. Tiens-toi tranquille, je mène ici une vie milles lieues confortable de mes errements d'Iyadjoba. Tu sais bien que tu es chère pour moi et je, voulut-elle continuer quand sa mère furieuse telle une lionne griffée l'interrompit ;

- Tais-toi imbécile ; espèce d'acéphale ! Est-ce que tu t'écoutes vagabonde ? fit-elle à sa fille. L'allure diatribaire prise la conversation propulsa le père d'Arèwa au bout des nerfs et il arracha le portable à son épouse.

- Ecoutes-bien ce que j'ai à te dire Arèwa, ordonna-t-il à sa fille avant d'enchainer.

- Puisque tu as décidé de rejeter ta famille au profit de la folie qui t'anime et que tu baptise amour, je décide dès cet instant de te rejeter de ma descendance.Mon âme n'a pu te gracier pour la constipation de soucis que tu as infligés par ton escapade éhontée à ma tendre épouse, moi et ma paisible famille. Tu nous a rendus la risée de tout le village et tu ne mérite plus de porter mon digne nom. Va te faire griller imbécile, fit le père, pourfendeur.

- Non père, ne fais pas ça, suppliait la mère d'Arèwa à son époux dont le regard devint subitement furieux. Il maîtrisa ses larmes et se tourna vers son épouse, martial.

- Ne m'amène pas à te mettre aussi dehors en continuant à plaider pour l'impudeur d'Arèwa. Arèwa n'est pas ma seule goutte. Si elle a choisi suivre ce pauvre crétin de Kafémi, ça fait son affaire. De plus, tu n'es pas encore vieille. Nous devons penser à son remplacement. J'ai encore mes sens, conclut imposant, le père d'Arèwa qui sortit aussitôt de la chambre.

Pendant ce temps, Arèwa avait déjà mis fin à l'appel et en discutait l'issue avec Kafémi. Elle coulait de chaudes larmes et estima pour une première fois qu'elle avait peut-être pris la pire décision de son existence. Mais Kafémi sut rapidement et efficacement dompter cette mentalité schiste dont l'épilogue fut les secousses sensuelles qu'il infligea à sa sphère érotique. L'euphorie de la jouissance vint clore cette séquence de rebondissements.

Après un nouveau couple de semaines passées à Akouègnon dans une abondante sagacité écartelée entre les délices des boîtes de nuit, de la plage, des salons de beauté, des promenades dont les factures furent entièrement soldées par Tétédé, Kafémi s'était mis à sérieusement se pencher sur son sort. « C'est grave de donner continuellement du poisson à un individu sans l'apprendre comment faire la pêche » se lamentait-il. « Je ne dois plus continuer à présenter cette ridicule facette d'assisté à Tétédé en compromettant dangereusement par l'inaction ma détermination à rompre avec ce destin ignominieux qui est le mien », se conseillait-il. « Je vais l'affronter Tétédé ; oui, il doit me trouver de solution », conclut-il confiant. Aussitôt, il prit son portable et composa le numéro de son bienfaiteur et prit rendez-vous pour la soirée du jour suivant.

Dès 19h, Kafémi était déjà à la somptueuse avenue Tétédé à environ 13 kilomètres au sud-ouest de Dagbégnon où ils étaient logés. Les véhicules luxueux se tenaient en haleine dans cette rue éclairée à la ''Paris''. Coincée entre deux gratte-ciels qui rivalisaient de taille du côté gauche de la rue, la villa de Tétédé n'avait rien à envier au ''Palais de la Marina''. La beauté de l'immeuble figea l'attention de Kafémi qui prit une vingtaine de minutes pour satisfaire sa curiosité oculaire. Il clocha ensuite la sonnerie et le gardien se présenta devant lui et lui ouvrit instantanément le portail. Tétédé l'attendait sous la paillote à décoration gothique. Il était habillé d'un pantalon noir et avait un débardeur blanc qui montrait bien l'effet de la climatisation sur sa brillante peau. Il exhalait une tempête de fumée, acte qu'il faisait suppléer par des gorgées régulières de Vodka. La longueur de son cigare en disait long sur sa fortune.

Aussitôt, il invita Kafémi à s'asseoir et le servit la boisson que celui-ci trinqua instantanément. Quand il reposa son verre, il prit la parole, la mine grave.

- Cher ami, tu as trente cinq ans, un empire économique inébranlable, un nombre incalculable de véhicules, un amas d'immobiliers, une pléthore de femmes, une abondante descendance et j'en passe, fit-il avant d'enchainer.
- Je ne récuse aucunement ton concours magnanime dans l'amélioration de ma galéreuse existence ; non, loin de moi s'en faut ! Juste que je supporte de moins en moins ma situation combien affligeante d'assisté, et j'ose le dire, de mendiant. Je veux être moi-même, je veux gouverner mon moi, je suis Kafémi, je veux l'être. Aide-moi à me défaire de cette vergogneuse étiquette de reliquat social, discourra-t-il. Aussitôt Tétédé le répondit hilare et sensé.
- J'avoue que par moments, tu as de quoi convaincre sans forcer ton talent. Et pendant qu'on en parle, je me dois de te dire que j'y ai déjà pensé à plusieurs reprises. Tu es un gentleman et ne pas avoir de fric serait pour toi l'infirmité du siècle. Mais es-tu réellement décidé à te faire de l'argent ? s'enquit-il.
- Tétédé ! Tétédé ! voyons, tu ne comprends pas ce que je te dis ? je veux être riche par devoir et non par volonté. Comprends-le, fit-il
- D'accord, fit Tétédé avant d'enchainer
- Tu sais, l'argent est diabolique ; non c'est même le vrai diable. Lorsque Dieu a fini de créer cette fascinante coupure, il la mit dans la bouche du lion affamé et reste aux courageux, oui aux seuls téméraires de l'arracher de la bouche du fauve. Cher ami, l'argent se trouve chez le diable ; chez sa majesté le diable !
- Je m'en fous et m'en contre-fiche de chez qui l'argent peut bien être ! MamiWata, Jézabel, Belzébuth, Shango…je m'en tape les fesses ! Tétédé, je ne suis

pas ignorant de toutes ces réalités avant de venir te voir. Dis-moi seulement la marche à suivre, réagit Kafémi.

- Je vois que tu es un homme mûr, fit Tétédé avant de continuer.

- Tu as relevé tout à l'heure que j'ai beaucoup d'enfants. J'en fais beaucoup parce que chaque année, je dois en perdre pour augmenter ma fortune. C'est le pacte que j'ai passé avec le diable. Le vieux qui m'avait aidé quand la mécanique m'avait honni est à une trentaine de kilomètres d'ici. Nous irons le voir demain et tu pourras discuter avec lui.

- Merci cher ami, exulta Kafémi. Je savais que je pouvais compter sur toi. Merci et merci encore, répliqua-t-il. Aussitôt, il sortit après avoir longuement serré son ami-messie contre lui. Il rentra, le cœur rempli de joie et la mentalité centralisée sur le voyage du lendemain.

La nuit lui fut longue, très longue. Le sommeil l'avait carrément fui. Il pensait et repensait à tous ses projets. « Je vais être bientôt riche et craint ! je m'en fou du prix à payer, oui je m'en fou du prix. Arèwa pourra rentrer racheter ses parents avec du fric. Ha ! Ha ! Ha ! Je verrai bien comment ils vont résister à la limousine que je leur offrirai alors que son père n'a jamais daigné changer sa carcasse Suzuki 120 qu'il trimbale depuis mon enfance », soliloquait-il optimiste. Vers cinq heurs du matin, un somme l'emporta. Il se réveilla deux heures plus tard et se prépara pour le rendez-vous qu'il avait avec Tétédé. Arèwa était encore au lit quand celui-ci vint cliquer sur la sonnerie. Elle était épuisée par la poussée de la libido de son homme qui l'assommait le sexe au moindre ressentiment luxurieux. Kafémi ne lui avait rien expliqué de ses projets tendancieux. Il s'empressa de l'embrasser avant de sortir pour rejoindre Tétédé qui l'attendait dehors dans sa splendide Peugeot 607. Ils prirent automatiquement la voie de Mosafèdjo, le premier village à la sortie d'Akouègnon. Quelques temps après, ils s'engagèrent sur le denier sentier qui les conduirait chez le roi de l'Ifa, sa très réputée majesté Olosanyin. Le luxe du véhicule et la fraicheur de la climatisation ajoutés à la saveur de la musique à bord accélérèrent leur traversée. Ils arrivèrent chez le devin, un vieil ami de Tétédé, le secret de sa fortune. Il lui présenta aussitôt Kafémi et exposa son problème. Kafémi ne laissa pas le temps à l'octogénaire, la denture jaunie et la barbiche grisonnante de lui expliquer les différentes facettes de l'argent rituel. Il s'enfichait. Son rêve, c'était l'argent, « et les règles suivront après », expliquait-il. Olosanyin le raisonna en lui fit comprendre qu'il n'y avait rien sans rien et ce n'est pas au cours d'un jeu qu'on en sort les règles. Il lui expliqua qu'après la consultation du Fâ, l'opération rituelle aurait lieu dans les sept jours suivants et il devra avec la machette fétiche trancher la tête à quiconque apparaitrait dans la chambre rituelle. «Si tu ne le fais pas, la plus clémente des peines serait ta folie. Tu deviendras un fou incurable ; autrement, tu mourras», répétait le vieux. Ces mises en garde ne faisaient que renforcer la détermination de Kafémi qui estimait que tous ses parents étaient morts et que personne ne pouvait encore dissuader son coup de machette.

Trois jours après, les ingrédients nécessaires furent pourvus par Tétédé et le septième jour, l'opération devrait avoir lieu. Le jour vint. L'occulte affaire devrait se dérouler dans l'une des nombreuses villas inhabitées que Tétédé prêta pour l'occasion. Tous les artifices usuels étaient au rendez-vous et Kafémi était drapé dans un pagne rouge avec des motifs de cauris ; la poigne de la machette était couverte du même pagne. Olosanyin se fondit dans les incantations et quelques temps après, un buste émergea de la géante calebasse de sacrifices. Il ordonna à Kafémi de s'en approcher pour offrir au diable ce sacrifice de son choix. Quand ce dernier franchit les premiers pas vers l'autel, il perdit sa respiration. Il n'en revenait pas. Le buste qui se tenait devant lui était celui de sa fiancée, Arèwa pour qui, il voulait s'enrichir. Il se retourna aussitôt vers le vieux devin, le regard inquisiteur. Celui-ci acquiesça de la tête pour lui signifier le pallier de non-retour qu'il venait de franchir. « Jamais ! », hurla Kafémi avant de poursuivre. « Je préfère devenir fou ou encore trépasser que de mettre fin à l'existence de mon amour, mon rêve, mon tout. Jamais ! Je dis bien jamais, je ne tuerai Arèwa » ! fit-il en pleurs. « J'accepte être fou mais pas, sans vous avoir… » disait-il menaçant en limant la machette contre les carreaux et en se rapprochant du vieux, le regard vindicatif. Celui-ci n'eut pas le temps de s'évaporer en dépit de ses multiples pouvoirs. D'un seul coup, la tête du devin céda au glaive tranchant que Kafémi l'infligea. Automatiquement après ce meurtre, il se mit à rire étrangement et se déshabilla puis courut dehors naturel et fugitif. Il se mit à errer et à arpenter les grandes rues de la capitale : ce fut le début de l'ère démentielle ! Oui, Kafémi est devenu fou.

Arèwa était dans un salon de beauté, à l'Avenue Aniwa, l'une des plus peuplées de la capitale d'Akouègnon quand elle aperçut à travers les persiennes, une silhouette qui lui sembla familière et qui retint son attention. La foule qui s'affairait autour de l'individu l'obligea à sortir pour attester ou infirmer ses appréhensions. Elle crut la terre fondre sous ses pieds quand elle s'aperçut que c'était bien Kafémi qui longeait l'autre côté du goudron. Son articulation s'immobilisa par la répugnante scène qu'offrait son amour. Les mimiques loufoques de son fiancé amusèrent les passants qui se moquaient surtout de la baguette qu'il branlait dans son entre-jambes. Arèwa avait perdu le sens de ses sens. Son monde avait pris fin ; son monde avait cessé d'exister. Aussitôt, les agents de la municipalité d'Akouègnon vinrent et s'emparèrent de Kafémi pour l'emporter à la ''maison aux fous'' construite par les autorités de la ville pour empêcher que ces ''pestilences humaines'' n'infestent les séduisantes artères de la ville. En une poignée de secondes, Kafémi fut maitrisé par le robuste escadron des chasseurs de fous. Quand ils l'enfourèrent dans leur fourgonnette, Arèwa, une pluie de larmes au visage, s'engagea sans détours dans la traversée de la route, aux cris de « non ! non ! ». Emportée, elle ne prit pas le temps de vérifier la fréquence des véhicules avant de se jeter sur le goudron, alors que venait de son aile gauche, une 4x4 Pathfinder qui roulait à tombeau ouvert. Elle voulut se retourner, mais ce fut trop tard pour esquiver cette mort qui lui tendit les bras et la demandait en mariage. Les jérémiades assourdissantes des pneus masquèrent les cris des témoins de la scène en même temps qu'elles absorbèrent l'uppercut fatal que ce véhicule allait lui asséner. Un flot de sang jaillit et couvrit le pare-brise du véhicule. Sous ses pneus, se débattit pendant un bon moment, le corps broyé de la belle Arèwa. Puis, rien. Arèwa était morte ! La panique immobilisa l'attention des passants qui ne purent soutenir les larmes qui divorçaient leurs yeux. Ce fut la fin d'une vie, la fin d'un rêve. Arèwa mourut, victime de ses sentiments. Le diable vint chercher sa proie. Personne n'a pu l'empêcher de s'emparer de son choix. A César, ce qui est sien. Et la fourgonnette de Kafémi partit. Elle partit pour toujours.

Ko ! Ko ! Ko ! frappa Arèwa à la porte de Kafémi, elle qui prit l'habitude d'observer ce rituel matinal avant de se rendre à son atelier. Kafémi sursauta aussitôt de sa somnolence et ouvrit les yeux et s'écria « Dieu merci ! Dieu merci, c'était un rêve ! ». Il ahana un long soupir pour conjurer ses cauchemars vespéraux. Lorsqu'il ouvrit la porte, il serra Arèwa par la taille et lui murmura à l'oreille « je t'aime chérie ; et nous triompherons ensemble ». Celle-ci le remercia et lui demanda s'il voulait toujours quitter le village.

- Hors de question ! fit-il avant d'enchainer,
- A Dieu ne plaise que je choisisse consciemment le feu! je reste ici et avec toi, conclut-il heureux.

Arèwa se sentit heureuse qu'enfin, son homme changeât de décision mais sans en savoir les mobiles profonds. Elle l'embrassa et les deux se séparèrent et se donnèrent rendez-vous tard dans la journée pour la fête en l'honneur de ''*Baba Agba*''.

Nouvelle

PARTIR OU PERIR?

Il sonnait environ 16h. La dernière vague d'étudiants venait d'être servie de la dernière tranche de leurs allocations de l'année académique qui s'étirait inexorablement vers sa fin. Sous le grand cerisier qui trônait le jardin de l'université par son immense parasol verdâtre, trois amis, tous étudiants en fin de parcours universitaire discutaient de la marche à suivre. Deux d'entre eux, Ladélé et Sonagnon avaient étudié les sciences économiques et le troisième, Laré, le droit.

- Les gars, nous venons de toucher la dernière prime au chômage de notre existence. Dès aujourd'hui, plus rien à attendre de l'Etat qui s'est subtilement déchargé de notre sort. Que faire ? lança Ladélé.
- Tu as raison, fit Laré abattu qui poursuivit.
- C'est malheureux que la crainte qui m'a toujours hanté finisse par s'imposer comme une réalité inesquivable. Nous qui étudiants, rentrions au village en héros auprès de nos parents finirons bientôt par en devenir la risée, lâcha-t-il.
- Je me demande pourquoi vous-vous laissez morfondre dans des arias à ce point, réagit Sonagnon avant de continuer non moins abattu.
- Nous sommes dans un Etat où la jeunesse a un seul sort ; une seule pénitence : errer !
- C'est justement ce qui me surprend dans ce pays, intervint Ladélé qui enchaina.
- Ici, nous vivons l'enfer. Nos gouvernants, du premier au dernier ont réussi à échouer dans la création des opportunités pour des jeunes non moins talentueux. Ces pestilences méritent bien la palme de plomb dans l'échec de politiques audacieusement orientées vers la promotion des jeunes.
- Chers amis, intervint Sonagnon, nos diatribes inutiles, nos philippiques stériles ne réussiront à rien régler dans ce pays où de la corruption, nous en sommes arrivés à la *corruptomanie* ! Tenez, les statistiques sont assez parlantes. Nous sommes environ onze millions d'âmes dans ce pays de merde. L'université produit environ vingt milles diplômés chaque année. Et savez-vous combien sont dans la fonction publique ? questionna-t-il à ses camarades.
- Non, répondirent-ils en chœur
- Environ quatre vingt milles et la moitié dans la plus que *géhenneuse* fonction d'enseignants ! Les autres, l'Etat confie leur devenir à la clémence de la probabilité. Et ce n'est pas tout, figurez-vous, argumenta-t-il

- Il y a donc pire ? s'enquit Ladélé
- Oui, malheureusement oui ! répondit Sonagnon inoffensif, qui renchérit aussitôt.
- Les concours d'admission dans ces *fonctionnettes* publiques sont des primes d'assujettissement aux esclaves politiques des prédateurs de la maigre économie nationale, ceux-là féodalement baptisés autorités. Le débat devient autre chose si nous voulons nous intéresser aux régions de provenance des lauréats de ces parodies de concours : régionalisme, infect régionalisme !
- Je suis d'accord avec toi Sonagnon, fit Laré avant de continuer
- Cependant, je ne partage pas cette abjecte criminalisation souvent galvaudée à l'encontre du régionalisme. Je crois que qui n'a jamais été régionaliste ne sera jamais, au grand jamais nationaliste. Il faut aimer sa famille, son quartier, sa région avant son pays. Le nationalisme est l'élargissement du microcosme régionaliste. Ce qui me parait répréhensible est l'usage excessif et nuisible qui en est fait par nos politicards.

Avec un sourire où prirent progressivement place les rides de la déception, Ladélé réagit avec vigueur.

- Cher juriste, la dernière portion de ta phrase a réussi à atténuer toute l'ire que m'a inspiré ton intervention. Tu veux insinuer que nos ''*autoritares*'' qui ont érigé le binôme corruption-régionalisme en discipline d'Etat sont des exemples de nationalistes ? demanda-t-il rigolo
- Des exemples, mais des exemples de contre-exemples certainement ! interjeta Sonagnon ricanant.
- Voilà la réponse exacte, répondit Ladélé.
- Vous avez peut-être raison, mais je maintiens ma position : nationalisme est égal à régionalisme à l'échelle plus vaste, persiste Laré.

- Le retour du Christ changera peut-être ma farouche opposition à tes idées. Mais au nom du droit à la différence, je te le concède, fit Ladélé.
- Nous risquons de laisser notre objectif pour du dilatoire. Que faire pour échapper à la misère qui nous attend ?demanda Sonagnon
- Je crois que nous devrons prendre nos destins en main, répondit Ladélé.
- Mais en quoi faisant dans ce foutu de pays ? s'enquit Laré.
- Bah ! en investissant bien sûr ! répondit Sonagnon simpliste.
- Investir où, dans ce pays où le gouvernement prime les produits importés à cause de sa non-politique de promotion des denrées locales ? questionna Ladélé.
- Investir ici. Nous avons manqué d'audace en matière d'innovations. Pourquoi vouloir toujours dépenser dans des domaines que nous savons regorger des concurrents extérieurs ? Faisons quelque chose de neuf et s'il vous plaît, arrêtons de vitrioler la politique de l'Etat. Nous savons tous que c'est un système du tout-pourri. Ne faisons point plaisir à ces désaxés que nous avons comme dirigeants en nous souciant de leur manière de faire. Mettons notre réflexion au service de l'innovation, discourra Sonagnon serein.

Ladélé prit la parole l'air déçu par la réponse de son camarade.

- Je dirais que toi tu mériterais bien la médaille d'or de l'optimisme irrationnel. Investir dans ce pays d'économivores où vivent des sangsues et des saprophytes ? Ce n'est pas vrai ! D'abord quelle banque te prêterait de l'argent dans ce pays sans garantie ? Et je t'estime bien plus lucide pour que tu me dises que ce sont les pauvres 200.000f que tu viens d'empocher que tu vas investir. Dis autre chose s'il te plaît !
- L'une des tares de ce pays est d'avoir engendré des créatures de ton acabit. Tu as zéro courage et une persévérance agonisante. Ecoutes moi bien. Au cas où tu douterais encore, je te dis que je vais investir les 200.000f que je viens de prendre. Et je n'irai

auprès d'aucune banque. Ma banque, ce sont mes idées. Nous avons des terres inexploitées. Nous disposons de la meilleure clémence climatique que la nature ait pu offrir aux humains. Et vous votre rêve, votre unique rêve est de vous asseoir dans des bureaux climatisés pour pérenniser la misère infligée au peuple par des pratiques malsaines de l'administration dont je tais les noms puisque mystères pour personne ! Réveillez-vous pauvres ridicules, dixit Sonagnon convaincant.

A peine eut-il fini sa phrase que la traditionnelle alarme annonçant le départ des bus assurant le transport des étudiants crépita. « Nous continuerons à une autre occasion » se jurèrent-ils, chacun s'orientant vers le bus correspondant à son itinéraire pour les pénates.

Une fois rentré, chacun mûrissait les réflexions pour savoir l'étape suivante puisque c'était le pénultième cours de l'année académique. Leur nuit fut sans surprise particulièrement élastique. Ladélé et Laré vivant à proximité de l'un de l'autre se séparèrent tard dans la nuit après s'être entendus sur une décision qui était pour le moins risquée : quitter le pays ! Le seul moyen accouché par leur intellect pour échapper aux multiples tribulations subséquentes à la « chôme » que leur réserve l'Etat, c'est tenter une escapade et comment, l'immigration clandestine ! Ladélé assura à son complice qu'il avait une connaissance à lui qui avait une parfaite maitrise de l'itinéraire à suivre pour rejoindre le pays des Blancs, le pays où tout brille, le pays où il n'y a pas de pauvres, le pays où tout le monde est riche, l'el Dorado, bref, le paradis sur terre !

Sonagnon n'eut pas de peine à trouver le domaine dans lequel il se reconvertira pour se garantir l'échappatoire à la galère pendante sur sa tête. L'agriculture ou l'élevage ! « Sinon les deux simultanément » se disait-il. « Ils sont d'ailleurs liés » se confortait-il. Il décida de rentrer au village pour négocier des parcelles pour matérialiser ses idées. Il pensa au partage de ses réflexions avec ses camarades. Le jour suivant ils se retrouvèrent au lieu habituel pour échanger sur leur devenir. Sonagnon eut toutes les peines du monde pour raisonner ses camarades. Tous ses efforts pour leur démontrer toute l'ambigüité contenue dans leur projet de voyage aboutirent à une cuisante impasse. Ceux-ci étaient en effet sur un point de non-retour. Ils taxèrent même de ridicule son projet agro-pastoral.

- Nous irons en Europe ; nous y ferons deux ans et nous retournerons te commander cher agriculteur, se moquait Laré.
- Je suis peiné d'avoir connu des gens d'une irréflexion aussi marquée ! réagit Sonagnon qui enchaina.
- Vous êtes une honte pour mon pays, une insulte pour la jeunesse de mon continent et vous représentez des contre-valeurs à expurger ! Vous avez reçu chacun 200.000F et vous voulez vous embarquer pour une aventure hyper-incertaine dans laquelle, non seulement vous perdrez votre argent, mais aussi et surtout, votre temps, votre dignité et peut-être votre vie. Ouvrez les yeux, pardi !
- Tais-toi ! tu raconte n'importe quoi n'importe comment. Qui t'a dit qu'on va en Europe avec 200.000f ? Au cas où tu t'en douterais, sache que nos parents sont d'accord et nous aideront en complétant le reste de notre montant de voyage. Tu peux nous rejoindre avant que ça ne soit trop tard, pauvre con, répondit Ladélé.

Enervé et presque hors de lui, Sonagnon réagit la mine rebelle.

- Vous arpentez le sentier d'un rêve assassin ! Moi, vous suivre ? Ah non, vous rêvez ! A Dieu ne plaise que je quitte ce pays pour aller mourir dans les Îles Canaries ! Je reste ici, je me crée mon emploi et je m'enrichis. Vous, allez-y, allez périr dans les abysses de la Méditerranée par votre immobilisme mental ! Bon séjour en enfer !

A ces mots, Sonagnon quitta les lieux fier d'avoir vomi à ses camarades, ces faibles âmes, la vérité, rien que la vérité ; c'est du moins ce qu'il croyait. Ceux-ci s'en moquaient volontiers et se demandaient comment il pourrait bien rivaliser avec eux quand ils reviendraient de leur séjour en Europe. Ils se retirèrent après dans un bar où ils discutèrent autour d'un pot, des derniers détails de leur voyage.

Deux semaines plus tard, tout fut prêt. Le contact fut pris et les démarches entreprises auprès du convoyeur des clandestins. Le départ fut décidé pour le mois suivant. Cette période coïncida avec la saison des pluies, un moment que Sonagnon attendait avec une impatience des rares. Les gouttelettes des premiers jours précipitèrent sa première semence. Avec l'aide de son père qui l'avait par ailleurs auparavant toujours signifié « l'escroquerie psychologique » de l'Etat qui faisait de l'éducation un passeport pour l'emploi, il put avoir accès à deux hectares sur lesquels il mit simultanément du maïs et du manioc. Une autre parcelle de demi-hectare lui servit d'installation des animaux, un petit cheptel composé d'une demi-douzaine de cochons, de quelques volailles etc. bref, toute sa bourse y était engloutie. Sa mère, une expert-comptable au chômage avait pris l'habitude de lui rappeler régulièrement que l'Etat entretenait une politique de mensonge et de perte de temps par son système éducatif et que chacun devrait avoir une occupation personnelle rentable pour ne pas se retrouver abandonné à lui-même une fois les études terminées. Les conseils itératifs de ses parents durent certainement l'influencer au point où il sut rapidement prendre son destin en mains. A 22 ans, il ne pouvait espérer mieux.

Le jour du départ vint. Ladélé et Laré confiants d'avoir fait le meilleur des choix avaient déjà apprêté leurs affaires dès l'aube. Ils allaient enfin accomplir leur rêve. Ils allaient enfin rejoindre le pays des blancs, le pays de leur bonheur mille lieues vivable que les errements auxquels se mariait le quotidien des jeunes diplômés de leur pays. Ils prirent l'essentiel dont ils auraient besoin pour les premiers jours qu'ils expérimenteraient sur le sol étranger. Ils étaient sûrs d'une chose tout au moins : ils ne pouvaient revenir chez eux pauvres ! Non, c'était à exclure de leur univers rationnel! « Quoiqu'il arrive, nous allons nous en sortir même s'il faudra balayer les rues avec notre maîtrise de toutes les façons inutile ici », ressassait Ladélé. Pour s'assurer la réservation dans ce drôle de voyage où ni passeport ni visa et encore moins la carte d'identité n'étaient de mise, ils payèrent 300.000f chacun pour s'assurer les meilleurs sièges. Avant le départ, le capitaine du plus que vieux voilier rappela les dernières consignes aux voyageurs massés au bord de la mer.

- Ecoutez-moi bien, commença l'homme-pachyderme à la barbiche grisonnante qui se tenait devant eux.
- Vous voulez vous engager dans une aventure que vous savez risquée. La réussite de notre traversée sera tributaire de deux éléments essentiels. Le premier, la clémence de la mer et le second, bah vous le savez, le manque de vigilance des gardes-côtes ou au meilleur des cas, la complicité des rares véreux tapis parmi ces obstacles à mon travail. Votre conduite pendant le voyage devra être exemplaire car le moindre mouvement de panique peut faire chavirer le navire et nous coulerons tous. C'est un bateau destiné à cent personnes et vous êtes six cents à vouloir entreprendre le voyage. Priez pour avoir 50% de chance d'arriver à destination. A bon entendeur salut ! conclut-il imposant.

Sur ces propos du capitaine, des défections firent place à l'enthousiasme qui animaient les candidats à l'immigration à l'issue tout au moins incertaine qu'ils allaient entreprendre. En un laps de temps, plus de cinquante personnes décidèrent de retirer leur mise et rebroussèrent chemin. Ils préférèrent continuer de vivre leur galère avec l'espoir d'un meilleur lendemain que d'arpenter les pistes du suicide contenu dans la traversée des eaux. Certains assimilèrent même ce voyage à celui de la plus grande tragédie humaine que l'histoire ait pu engendrer : la traite esclavagiste ! «A Dieu ne paise que je subisse le même sort que mes ancêtres », disait Dossou. « A quoi auraient alors servi mes cours d'histoire de la classe de quatrième sur la traite transatlantique, si je dois me faire boiter comme une sardinelle dans ce cercueil navigant » ? se demandait Irédé. « ça, c'est de l'esclavage volontaire ! Je ne ferai jamais partie des damnés qui iront mourir », se jurait Labissi.

Autant certains téméraires se bousculaient à l'intérieur du gros engin qui flottait sur la mer, autant beaucoup firent volte-face et reprirent leur argent.

Face à ce chapelet de défections, Ladélé et Laré démontrèrent une indifférence tout du moins incompréhensible. Ils se fichaient pas mal de toutes les mises en garde du capitaine. Pis, ils taxèrent les démissionnaires de versatiles et même de pusillanimes. Vers 06h 30mn, le voyage put commencer. La vieille frégate prit le départ avec trois cents cinquante six personnes à bord. L'intérieur du bateau grouillait de monde. Si la chaleur put être marginale grâce heureusement au zéphyr constant ventilé par la mer, la respiration était en revanche l'une des plus monstrueuses équations à résoudre. Les odeurs nauséabondes de diverses sources s'entremêlaient et offraient un parfum de pestilence aux voyageurs. Les vomissures des femmes enceintes étaient légion. Restait comment expliquer que des hommes aient pu être aussi ivres d'irresponsabilité au point d'embarquer des femmes de cet état dans un voyage aussi dangereux. Dans tous les cas, Ladélé et Laré se confortaient dans cet inconfort par l'argument que cette situation n'allait pas durer. « Aucune richesse ne survient dans la vie de l'être sans souffrance préalable » temporisa Laré, qui poursuivit, « nous triompherons ».

Deux mois plus tard, au moment où la culture céréalière de Sonagnon poussait déjà les fleurs annonciatrices de la moisson, ses deux camarades étaient toujours sur la mer dans une troublante aventure qui avait mine de s'éterniser. La première épreuve qu'ils durent affronter fut le rude combat que livra leur embarcation à une impitoyable averse qui a failli la faire chavirer. La violence du vent balança dans un bruit des rares le voile de l'appareil dans tous les sens. Les passagers qui avaient à peine de la place à bord ne résistèrent pas longtemps à ce balançoire trépident qui finit par avoir raison d'une cinquantaine d'entre eux. C'est à ce moment que Ladélé et Laré se demandèrent enfin pour la première fois, peut-être trop tardivement, l'opportunité du voyage qu'ils entreprirent malgré les mises en gardes renouvelées de Sonagnon. La panique avait fini par gagner le reste des passagers lorsque le capitaine leur fit comprendre qu'ils devraient se préparer à vivre des moments plus difficiles, la météo étant davantage en leur désavantage. C'est alors que beaucoup d'entre eux demandèrent, parfois une pluie de larmes au visage, que le bateau fasse un hypothétique demi-tour.

- Vous voulez me foutre dans la merde, pauvres nègres ! s'écria le capitaine avant de continuer avec une information qui décupla la panique des voyageurs;
- Vous n'êtes qu'une maudite racaille ! Un de mes complices vient de m'annoncer que les autorités de votre pays ont dépêché des navires pour nous rattraper. Je ne sais diable, l'imbécile qui a vendu la mèche. Moi je n'ai pas intérêt à me retourner pour me faire tôler avec des immondices de votre rang ! Je suis Blanc, je continue la route vers mon pays. Si vous parvenez à destination, je m'en fous ; si vous n'y parvenez pas, je m'en contre-fiche. Mon gouvernement va bien me défendre face à vous pauvres misérables ! discourra-t-il l'air mesquinement hilare.

Ladélé et Laré, à l'image des autres voyageurs se fondirent en larmes. Leur rêve allait bientôt devenir le pire des cauchemars. Les lamentations s'intensifiaient à chaque instant que le bateau se balançait au gré du vent qui venait finir sa violente course dans ses gigantesques ailes. Ils n'avaient désormais plus qu'un souhait : quitter la mer sains et saufs ! C'était trop tard pour la majeure partie d'entre eux. Leur survie était à ranger dans les escarcelles du miraculeux. Leur phobie sembla s'estomper un instant lorsqu'ils aperçurent dans un rayon de 1 kilomètre environ, les gigantesques gratte-ciels outre-Méditerranée qui laissèrent au visage de moult d'entre eux, des signes de satisfactions. Ils allaient enfin accoster aux Îles Canaries, traditionnelle escale des échappées clandestines en provenance de l'intérieur du continent africain. Beaucoup intensifièrent leurs prières dans un ronronnement assez expressif de leur grande détresse. Mais très tôt, cette relative sagace atmosphère va se muer en une situation imprévisible.

A environ 500 mètres des rives, les autorités espagnoles, compte tenu de la fréquence des passages clandestins musclèrent la sécurité au point de passage dans le vieux continent. On se croirait en une scène de guerre au regard de l'impressionnante armada déployée par les Ibériques pour empêcher l'entrée illégale sur leur territoire. A la vue de cette armée navale qui l'attentait et surtout ayant conscience des multiples années qu'il passerait en prison pour récidive, le capitaine aux commandes du navire clandestin, Mouton Dubien amorça un demi-tour automatique qui ne fit que renforcer les soupçons des forces de l'ordre massées aux abords de la mer. Celles-ci se lancèrent à son assaut. S'engagea alors une sordide course sur la mer. Les cris de détresse des centaines de passagers n'émoussèrent en rien l'ardeur du capitaine décidé à échapper à l'arrestation des autorités espagnoles qui le recherchaient, il le savait si bien, depuis son évasion de la prison où il séjournait pour avoir fait entrer illégalement des centaines de sans-papiers sur leur territoire. Mais cette escapade fut de courte durée et bientôt, la course claudicante du bateau moribond va céder à la vivacité et la jeunesse des navires guerriers lancés à sa poursuite. Aussitôt, il fut encerclé par ses persécuteurs. Tout le monde résigné croyait logiquement que Dubien allait se rendre et le monde noir répugnant qu'il trimbalait dans son navire surchargé aurait au moins l'espoir d'être rapatrié chacun chez eux. Mais Dubien tenta un geste inattendu, imprévisible et tout simplement impensable. Ce fut un geste fou qui n'avait rien d'un désespéré mais plutôt d'un égoïste acéphale. Il fonça sa vieille carcasse sur l'un des navires qui l'encerclèrent. C'était pour lui la seule manière d'échapper à la prison à vie. La vie des dizaines de vies humaines dont il avait la responsabilité ne signifiait plus grand chose pour lui. Ce fut le geste de trop ! La réplique fut automatique et cinglante. Une pluie de balles s'abattit sur le bateau rebelle assimilé à celui d'un kamikaze en ces temps de la recrudescence des actes terroristes. Les chairs déchiquetées des pauvres nègres se ruèrent dans les eaux ; et le craquement du géant transporteur signala que tout support avait cédé et plus rien ne pouvait retenir sa baignade lugubre. Le bateau a coulé avec tous les passagers à bord. Les corps sans vie flottaient ça et là et les requins et autres carnivores marins ne pouvaient en rêver mieux : se régaler à satiété ! Quelques rescapés ont pu être sauvés ; mais ni Ladélé, ni Laré n'ont survécu à ce chapelet de malheurs.

- C'est l'un des rescapés de ce drame, Aforiti qui me narra ce qui était advenu de mes anciens camarades lors de leur trajet, fit Sonagnon, les larmes aux yeux ; situation qui émut les participants à cette conférence sur l'entreprenariat qu'il animait. Il se maitrisa et put continuer.
- Il a séjourné quatre années dans les geôles ibériques avec les traitements les plus répressifs pour tentative d'entrée illégale en Europe. C'est à son retour que je l'ai engagé dans ma ferme pour la mise en valeur de ses acquis d'agronome. Aujourd'hui je pus vous affirmer chers conférenciers, que je suis multimillionnaire après six années de confiance en moi-même et le refus du snobisme. J'ai vaincu la fatalité. J'ai été choisi plus jeune entrepreneur de l'année et j'ai été distingué par les autorités de mon pays pour servir de modèle à tous les jeunes du continent. Vous n'êtes pas pauvre. Non, vous ne l'êtes pas ! Accepter l'idée selon laquelle vous l'êtes fait de vous de potentiels refuges pour l'inaction et corrélativement pour la paupérisation. La pire pauvreté est celle qui résulte de l'infirmité intellectuelle. Et si on taxe votre pays de pauvre, dites-vous qu'individuellement vous êtes plus riches que Bill Gates. Osez innover, osez entreprendre avec n'importe quel moyen et les vampires lacustres de Ceuta, Bojador ou des Îles Canaries mourront de disette. Le développement, la richesse sont possibles chez vous ! Restez ici et vous triompherez ! Immigrer clandestinement est un rêve assassin. Je vous remercie, discourra-t-il serein.

Une saga d'acclamations scella la fin du discours le plus attendu de la conférence, celui du plus jeune millionnaire du pays, lequel à 28 ans était déjà à la tête d'un empire économique inébranlable. Il se retira du microphone sous une rosée de flashs des photographes. C'était un exemple de réussite cent pour cent endogène digne d'enseignement dans les écoles.

Printed by Books on Demand GmbH, Norderstedt / Germany